아리와 함께하는 세계시민교육

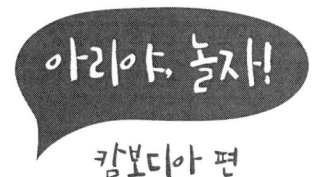

캄보디아 편

JN372557

ការលោតពណ៌អំពីកម្ពុជា
색칠공부로 배워보는
캄보디아 이야기

contents

តារាងមាតិកា

តារាងមាតិកាទីមួយ - ប្រទេស · 05

តារាងមាតិកាទីពីរ - ការរស់នៅ · 11

តារាងមាតិកាទីបី - ការធ្វើដំណើរ · 18

តារាងមាតិកាទីបួន - ម្ហូបអាហារ · 24

តារាងមាតិកាទីប្រាំ - ផ្តេរឈើ · 29

កម្ពុជា
Cambodia
캄보디아

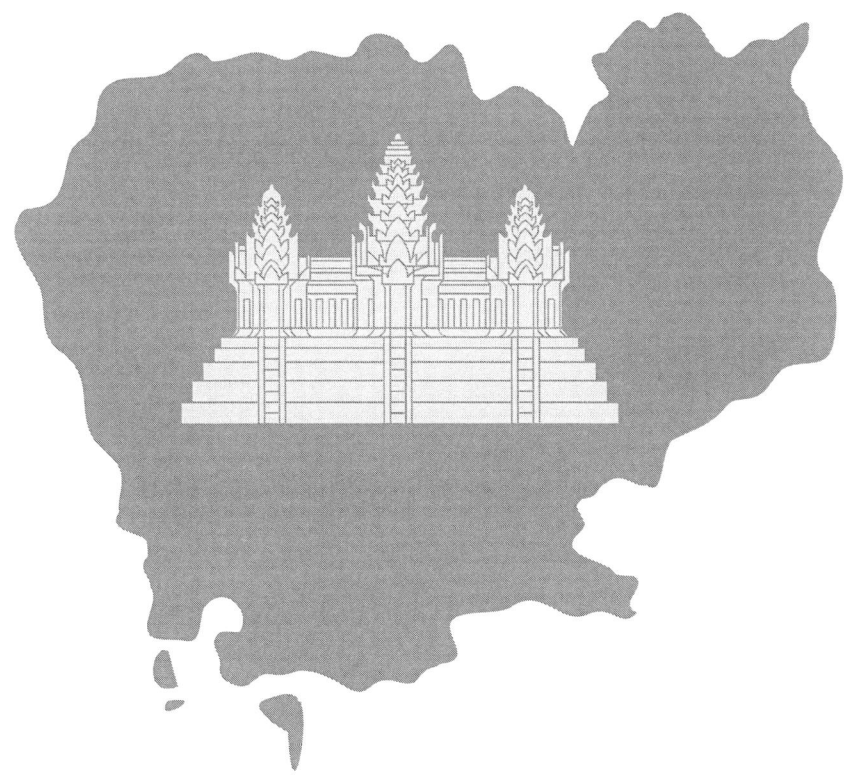

តារាងមាតិកាទីមួយ
ប្រទេស

ទង់ជាតិ
ផែនទី
លេខ
រៀល
ផ្កាឈូក

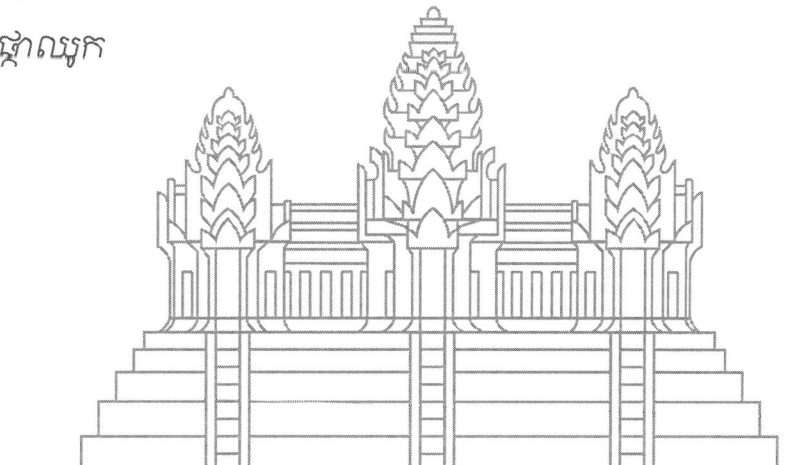

ប្រទេស ទង់ជាតិ

ប្រទេស ដែនទី

Thailand　　　　　　Laos

- Orddor Meanchey
- Banteay Meanchey
- Siem Reap
- Preah Vihear
- Ratanakiri
- Stueng Treng
- Battambang
- Pailin
- Pursat
- Kompong Thom
- Kratie
- Mondulkiri
- Kompong Chhnang
- Kompong Cham
- Koh Kong
- Kompong Speu
- Kandal
- Prey Veng
- Svey Rieng
- Sihanoukville
- Kompot
- Takeo

Vietnam

ប្រទេស លេខ

លេខ

០ ១ ២ ៣

៤ ៥ ៦ ៧

៨ ៩ ១០

ប្រទេស រៀល

ប្រទេស ផ្កាឈូក

តារាងមាតិកាទីពីរ
ការរស់នៅ

ផ្ទះ
ផ្ទះលើទឹក
តុកតុក
ស៊ីក្លូ
សម្លៀកបំពាក់បុរស
សម្លៀកបំពាក់នារី

ការរស់នៅ   ផ្ទះ៖

ការរស់នៅ ផ្ទះលើទឹក

ការរស់នៅ តុកតុក

ការអស់នៅ សុីក្លូ

ការរស់នៅ — សម្លៀកបំពាក់បុរស

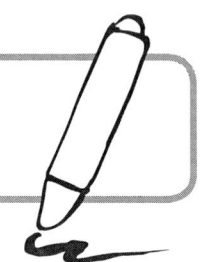

ការរស់នៅ   សម្លៀកបំពាក់នារី

តារាងមាតិកាទីបី
ការធ្វើដំណើរ

អង្គរវត្ត
បាយ័ន
អប្សរា
វិមាន
ផ្សារ

##ការធ្វើដំណើរ អង្គរវត្ត

ការធ្វើដំណើរ បាយ័ន

ការធ្វើដំណើរ អប្សរា

ការធ្វើដំណើរ វិមាន

| ការធ្វើដំណើរ | ផ្សោត |

តារាងមាតិកាទីបូន
ម្ហូបអាហារ

គុយទាវ
នំអន្សម
ក្រឡាន
ទឹកអំពៅ

មូបអាហារ គុយទាវ

ម្ហូបអាហារ នំអន្សម

មុបអាហារ ក្រឡាន

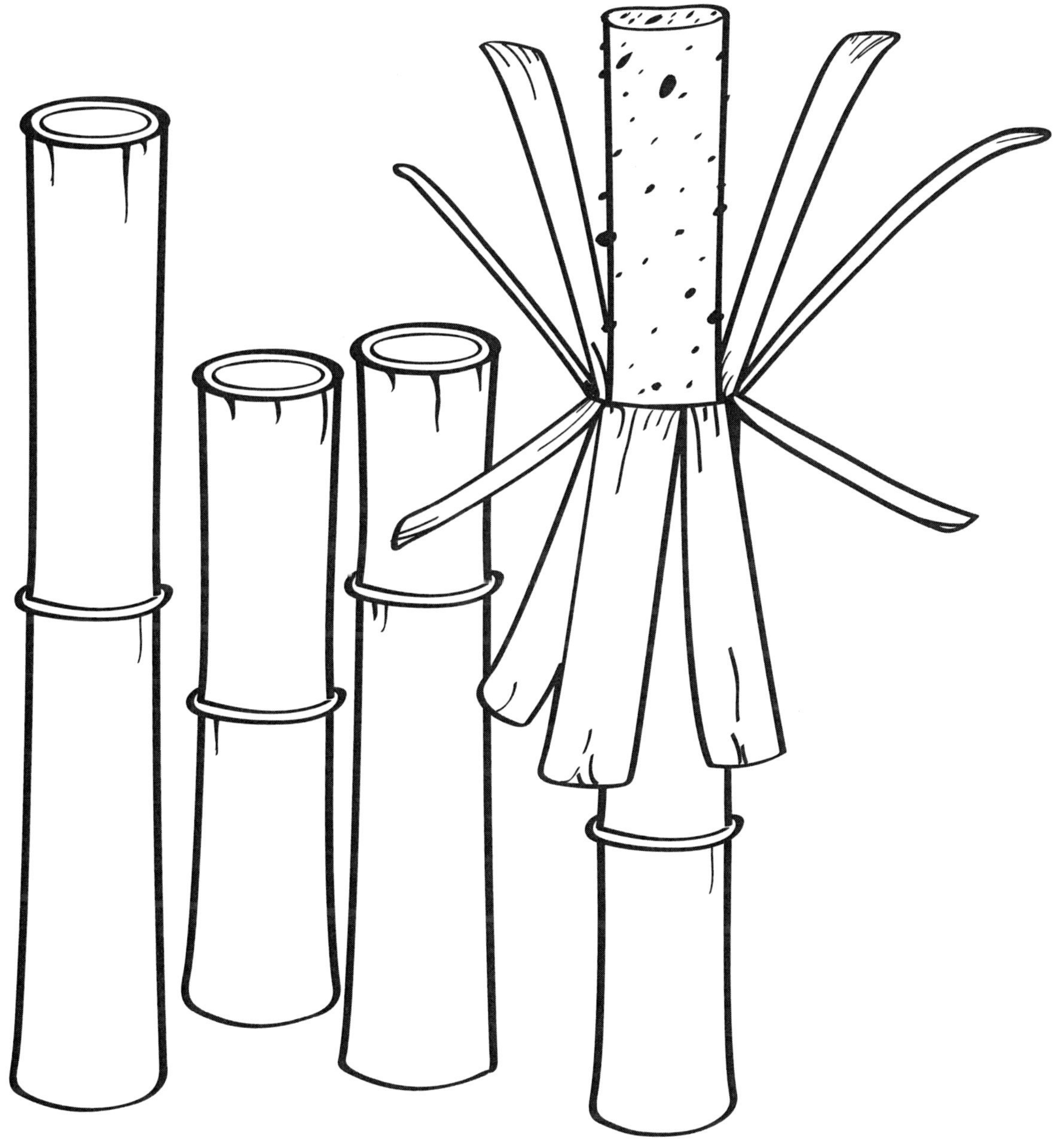

មុខអាហារ ទឹកអំពៅ

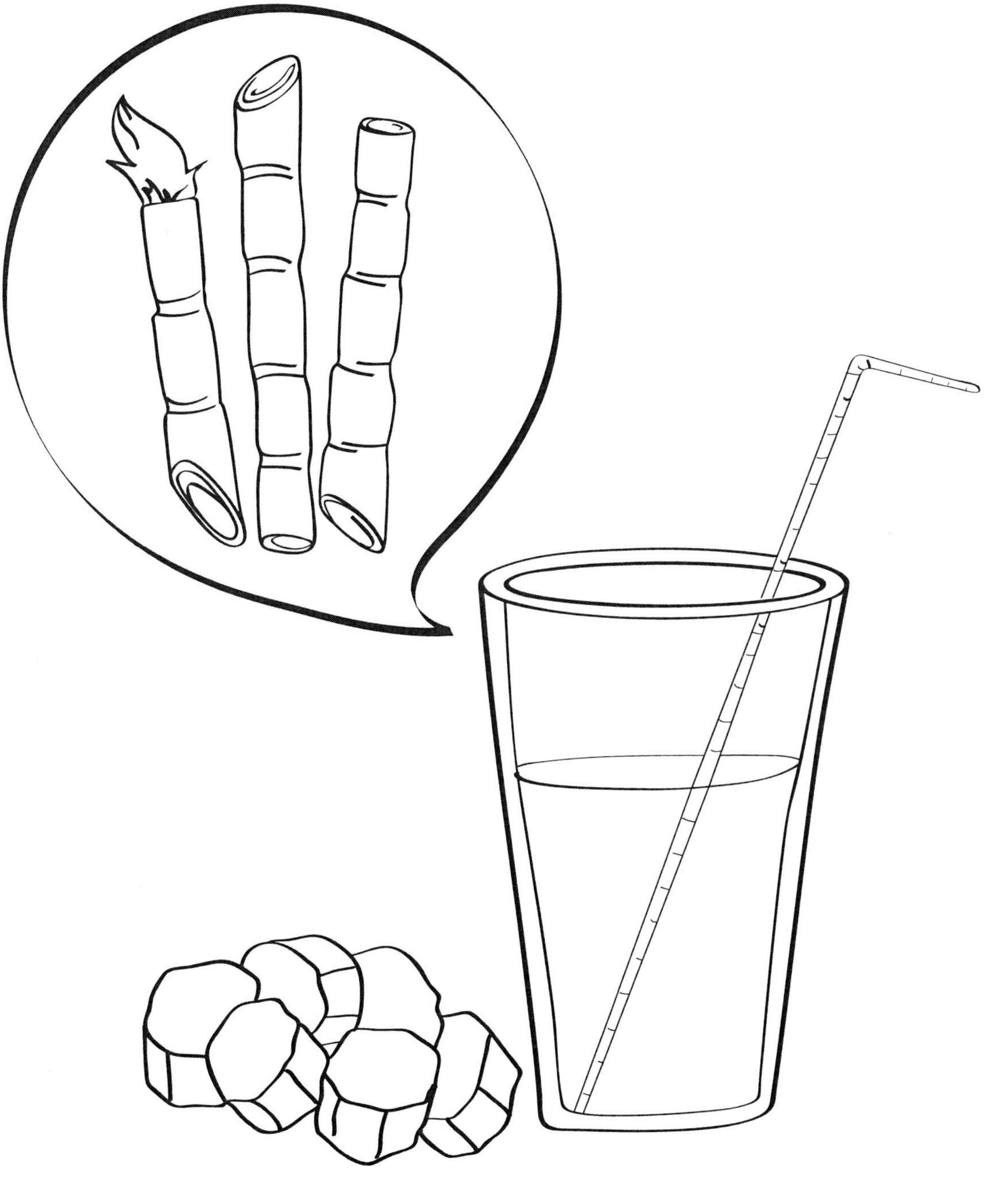

តារាងមាតិកាទីប្រាំ
ផ្លែឈើ

ផ្លែទុរេន
ផ្លែមង្ឃុត
ផ្លែចេក
ផ្លែដូង
ផ្លែស្រកានាគ

ផ្លែឈើ — ផ្លែធូរេន

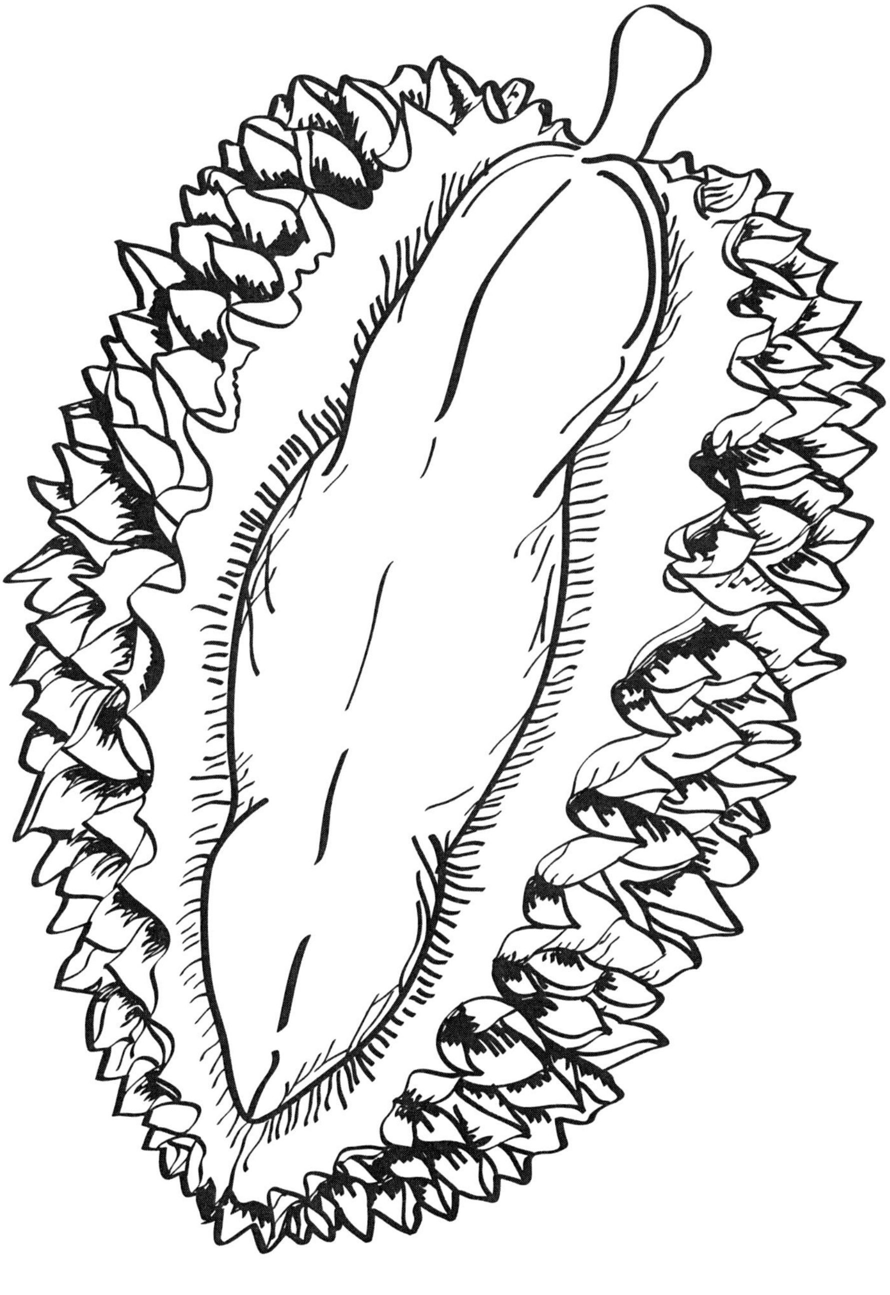

ផ្លែឈើ ផ្លែមង្ឃុត

| ផ្លែឈើ | ផ្លែចេក |

| ដូងឆេី | ដូងដូង |

ផ្លែឈើ ផ្លែស្រកានាគ